ÉPISODES

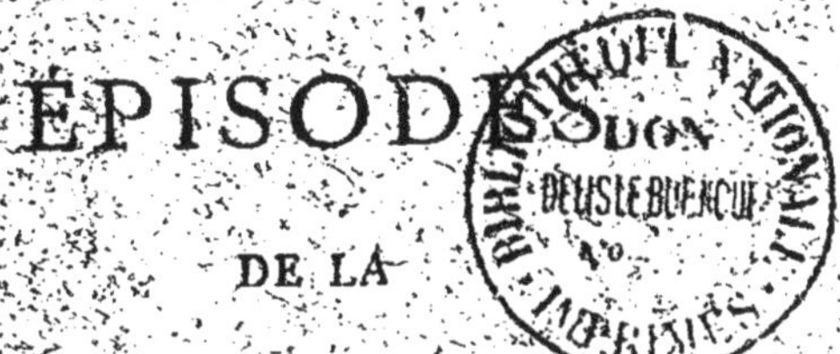

DE LA

VIE DE GARNISON

A LILLE

(1748 — 1750)

LILLE
L. QUARRÉ, LIBRAIRE-ÉDITEUR
Grande-Place, 64

1890

à Monsieur L. Delisle, hommage respectueux de l'auteur
L. Quarré-Reybourbon

ÉPISODES
DE LA
VIE DE GARNISON
A LILLE

ÉPISODES

DE LA

VIE DE GARNISON

A LILLE

(1743 — 1750)

LILLE
L. QUARRÉ, LIBRAIRE-ÉDITEUR
Grande-Place, 64
—
1890

ÉPISODES

DE LA

VIE DE GARNISON

A LILLE

(1748 - 1750)

Vers 1744, à cause de la guerre de succession au trône d'Autriche, la France était en lutte avec divers Etats de l'Europe.

L'armée autrichienne et l'armée anglaise, qui manœuvraient dans les Pays-Bas, semblaient vouloir pénétrer dans la Flandre française, ce champ de bataille de l'Europe. Et la ville de Lille, boulevard de la France sur sa frontière Nord-Ouest, paraissait être tout spécialement le but de l'ennemi.

La garnison de cette ville fut considérablement augmentée. De nombreux régiments d'armes différentes y avaient été réunis, pour la défense de la ville et de la région.

Cette grande agglomération de soldats et d'officiers valeureux, fiers et ardents, amena naturellement, dans les moments où la garnison tout entière restait dans la ville, des querelles causées par le jeu et le plaisir, et comme conséquence, des duels.

Nous possédons, dans notre collection lilloise, un dossier concernant M. Pierre du Laurès, capitaine au troisième bataillon de la milice de Paris, qui fut tué en la rue de Tenremonde, à Lille, le 10 octobre 1744.

Ce dossier est fort curieux. Il renferme des procès-verbaux, des inventaires, le résultat de la vente des effets et du mobilier du défunt, reçus, lettres, etc., etc. Le compte des frais occasionnés par ce malheureux évènement s'est élevé à 1,588 livres, 3 sous, 6 deniers, pour dernières dettes, frais de médecin, d'embaumement, de convoi en l'église paroissiale de Saint-Etienne, frais de procédure, de curateur, etc. Le détail de ces frais est intéressant; nous y relevons la mention suivante : « A Jean-Joseph Quettée, vitrier dans la rue de Tenremonde au dit Lille, pour une balle de verre et vitres brisées dans sa boutique, par la chute et évanouissement du défunt, la somme de trente livres, suivant son mémoire visé et certifié et quittance du 18 décembre 1744. »

M. du Laurès avait succombé en duel. Nous voyons dans une lettre écrite à M. le procureur du roi près la gouvernance de Lille par M. du Laurès de la Tour, conseiller au Parlement et commissaire des requêtes à Paris, frère du capitaine, demandant la réalisation de l'avoir délaissé à Lille par celui-ci en faveur de sa nièce, fille unique du décédé. M. du Laurès ajoute : « Le pauvre deffunt ne méritoit pas un sort pareil; 35 ans et plus de commission de capitaine et l'âge avancé méritoient un peu plus de ménagements et de complaisance que son adversaire n'en a eu. D'ailleurs il étoit né avec un fond d'esprit, de politesse et de délicatesse qui montroient bien d'où il venoit. »

C'est le 6 février 1746 que le paiement de la somme revenant à Mlle du Laurès a été effectué.

Le nom de l'adversaire de M. du Laurès n'a pas été connu.

Cet évènement tragique, duel ou assassinat, n'est pas le seul qui soit arrivé à Lille à cette époque. En voici un autre dont les suites forment une page intéressante dans l'histoire de la vieille armée française :

En 1743, dans la garnison de Lille, se trouvaient deux régiments d'infanterie, *Auvergne* et *Piémont*. Il y avait une dizaine d'années que ces deux régiments ne s'étaient, pour ainsi dire, pas quittés. En campagne ou dans les camps de plaisance, ils formaient une brigade ; dans la paix, ils avaient les mêmes garnisons, qu'ils prenaient le même jour et qu'ils quittaient en même temps. Cette intimité, produite d'abord par le hasard, avait fini par être considérée comme un usage, peut-être même comme un droit. Rien de plus touchant que cette association fraternelle de quatre mille hommes, qui s'aimaient comme s'ils n'eussent été que deux, s'aidant, à l'occasion, de la bourse et de l'épée. Enfin, dans toute l'armée, où cette union était connue, on ne les appelait plus *Auvergne* et *Piémont*, mais *Castor* et *Pollux*, sobriquet qu'acceptaient volontiers les deux régiments.

Cette union, qui paraissait indissoluble, devait à la suite d'une aventure tragique et mystérieuse, être remplacée par la haine et le mépris.

Par suite de l'inactivité, la fureur du jeu s'était emparée depuis quelque temps du régiment d'*Auvergne*, où elle semblait entretenue par le jeune capitaine O'Brien, qui passait du moins pour l'y avoir apportée. Ce capitaine, Irlandais de naissance, jouissait d'une fortune considérable, dont il faisait un noble usage, assurait-on, et sauf l'amour du pharaon, qu'il poussait un peu loin, il n'y avait que du bien à dire de sa conduite, et on ne lui connaissait pas un seul ennemi.

Un matin on apprit que le capitaine O'Brien avait été trouvé assassiné à peu de distance d'une maison où il avait passé la nuit avec quelques-uns de ses camarades d'*Auvergne*. Cette terrible nouvelle se répandit dans la cité et plongea dans la stupeur les six régiments de la garnison.

Le vol n'avait pas été le mobile du meurtre du capitaine, car lorsqu'on releva son cadavre, sa montre, un solitaire de prix au doigt et cinq cents louis furent trouvés sur lui. On ne peut s'arrêter à l'idée d'une vengeance d'un père ou d'un mari outragé ; informations prises, nul ne connaissait d'intrigue amoureuse au capitaine O'Brien.

La justice procéda à une enquête sévère et minutieuse, les régiments d'*Auvergne* et de *Piémont* firent aussi des recherches ; mais rien de tout cela ne mit sur la voie de la vérité.

Dans la maison où le capitaine O'Brien avait passé la nuit, on déclara qu'il était sorti vers trois heures du matin, en compagnie de deux de ses camarades. Ceux-ci, interrogés comme témoins, car nul ne songeait à les accuser du crime, répon dirent qu'O'Brien s'était immédiatement séparé d'eux pour retourner chez lui.

L'oubli commençait à se faire sur ce pénible évènement, quand soudain une rumeur sinistre circula dans le café où se réunissaient les officiers de la garnison. On s'y disait à voix basse que parmi messieurs les capitaines du régiment d'*Auvergne*, plusieurs devaient des sommes considérables au malheureux O'Brien, par suite de pertes au pharaon, et que dans l'impossibilité où ils étaient d'acquitter ces dettes d'honneur, ils avaient trouvé plus commode de se défaire de leur créancier par un assassinat.

La justice, au courant de ces bruits, poursuivit son œuvre d'investigation, et elle l'étendit alors jusqu'au régiment incriminé, qui répondit fièrement par un énergique défi de découvrir rien qui pût ternir son honneur. *Piémont*, mû par l'esprit chevaleresque dont il était animé, déclara que le soupçon était pour lui une injure. On organisa un repas de corps, où les deux régiments cimentèrent de nouveau l'amitié qui les unissait depuis tant d'années.

Après le dîner, les deux corps d'officiers se rendirent au café de la garnison, comme ils faisaient chaque soir. Quand ils parurent, ils furent reçus froidement; aucune parole provocante ne fut cependant échangée, mais peu à peu les officiers des autres régiments se retirèrent, et une heure s'était à peine écoulée, qu'il ne restait plus dans le café que ceux d'*Auvergne* et de *Piémont*. Ce départ insolite exaspéra les officiers de *Piémont*; ils déclarèrent à leurs amis qu'une éclatante satisfaction devait être exigée pour ce dernier outrage, et ils désignèrent immédiatement quatre de leurs plus anciens capitaines pour aller la demander au nom des deux corps offensés. Vainement *Auvergne* voulut faire comprendre que, dans une circonstance de cette nature, il fallait le laisser agir seul; *Piémont* repoussa énergiquement cette prétention. On se serra la main, on s'embrassa, et il fut convenu que la demande de réparation serait collective, pour mieux constater l'union des deux corps.

Le lendemain, après la parade, soixante officiers de tous grades, que le sort avait désignés, se rencontraient l'épée à la main sur l'esplanade d'un des bastions. Quinze appartenaient à *Auvergne*, quinze à *Piémont*, les trente autres avaient été fournis par trois des quatre régiments restants, le quatrième ayant déclaré nettement que la provocation ne le regardait pas, attendu, ce qui était vrai, qu'il n'avait pris aucune part à l'insulte, et qu'il ne supposerait jamais qu'il pût y avoir un seul assassin dans l'armée française, à commencer par le maréchal de Saxe et à finir par les tambours du guet de Paris.

Les cinq corps d'officiers assistèrent comme témoins à ce duel rappelant le combat des Trente, qui glaçait la ville de terreur.

Quand le gouverneur de la province et le lieutenant du roi arrivèrent sur le bastion avec un fort détachement de la maréchaussée, les morts et les blessés étaient au nombre de trente-cinq. Et parmi ceux qui avaient succombé, *Piémont* comptait huit de ses officiers les plus distingués.

Une amnistie générale fut accordée par le gouvernement, qui renonça à faire des exemples parmi de si nombreux et vaillants coupables ; mais il envoya *Auvergne* et *Piémont* tenir garnison à Grenoble, loin du théâtre de la guerre, ce qui fut regardé comme une punition très rude, dans ces temps où l'honneur était tellement le mobile de tout, qu'un colonel était parvenu à bannir le vice de l'ivrognerie de son régiment, en déclarant dans un ordre du jour que ceux qui se présenteraient pris de vin sous les armes ne monteraient pas à l'assaut.

La disgrâce partagée resserra encore davantage l'union entre les deux régiments. Mais un jour, jour de deuil et de colère ! l'ordre arriva à Grenoble de faire partir immédiatement le régiment d'*Auvergne* pour Briançon. Alors, comme aujourd'hui, c'était un préjugé répandu dans toute l'armée que cette petite place de guerre sans vie et sans commerce, jetée sur un roc au milieu des Alpes, était un lieu de garnison toujours réservé aux corps qu'on voulait punir pour une raison ou pour une autre. L'ordre était formel, la discipline l'exigeait, il fallut bien se soumettre à la décision du ministre de la guerre.

Piémont reconduisit *Auvergne* jusqu'à la moitié de la première étape. Là, les deux régiments firent halte sur la lisière d'un bois, mirent les fusils en faisceaux, et rompirent le pain ensemble pour la dernière fois. Une heure s'écoula dans les regrets. Puis, à un lugubre roulement de tambour, chacun alla se grouper autour de son drapeau ; les deux corps se présentèrent les armes dans un morne silence, et tandis qu'*Auvergne* cheminait tristement vers Briançon, *Piémont*, le cœur gros, retournait à Grenoble ; il semblait que la disgrâce ministérielle l'eût aussi atteint du même coup.

Peu de jours après, le colonel du régiment de *Piémont* fit dire à son corps d'officiers de se réunir chez lui après l'exercice du soir. Quand on fut au grand complet et qu'on eut pris toutes les précautions pour que personne ne pût entendre ce qui allait être communiqué, le colonel, profondément triste, prit la parole et fit part en ces termes d'une terrible nouvelle qui lui était arrivée la veille : « Le Parlement de Lille a rendu son arrêt dans l'affaire de l'assassinat du malheureux capitaine

O'Brien... Eh bien! messieurs, cet arrêt est une flétrissure pour le régiment d'*Auvergne*, car il déclare que l'accusation n'est abandonnée que faute de preuves à son égard. Du reste, toutes les présomptions morales existent contre les deux officiers précédemment accusés. » L'honneur militaire exigeait une explication ; le colonel leur demanda ce qu'ils comptaient faire ; les officiers répondirent qu'ils s'en rapportaient à lui. Le colonel proposa alors d'envoyer le plus ancien capitaine et le plus jeune sous-lieutenant à Briançon, pour dire, avec tous les ménagements possibles, aux amis du régiment d'*Auvergne* que les officiers accusés à tort ou à raison de la mort du capitaine O'Brien ne pouvaient plus rester dans leurs rangs sans faire peser sur le corps tout entier le soupçon qui les avait atteints et flétris. On ajoutera à cet avertissement amical toutes les bonnes paroles qui pourront faire croire au régiment d'*Auvergne* que *Piémont* est encore prêt à tirer l'épée pour prendre sa défense. Comme il eût été difficile d'imaginer une solution plus conciliante, les deux officiers partirent le soir même pour Briançon, où ils arrivèrent le lendemain matin.

Messieurs les officiers d'*Auvergne*, déjà profondément irrités de la légèreté de leurs juges et de la faiblesse du gouvernement, qui semblait leur donner tort, le prirent sur un ton très haut, déclarèrent que, dût le régiment de *Piémont* rompre pour toujours avec eux, ils ne consentiraient jamais à une lâcheté aussi grande que celle qu'on leur proposait, et qu'il fallait les considérer comme tous innocents ou comme tous criminels, laissant ainsi à Dieu et au temps le soin de les justifier. Tout rapprochement devenait désormais impossible, et de la part et d'autre on accepta cette nouvelle situation.

Deux ans après, la campagne s'ouvrit en Flandre et les régiments d'*Auvergne* et de *Piémont* fournirent chacun deux bataillons de guerre à l'armée du maréchal de Saxe. Comme on savait ce qui s'était passé entre eux, on ne les mit pas de brigade ensemble, et on poussa même la précaution jusqu'à les faire voyager par des routes différentes. Chemin faisant,

Auvergne eut la douleur de découvrir qu'il était toujours sous le coup de l'accusation injurieuse qui l'avait poursuivi de Lille à Grenoble, et quand il arriva devant Tournai, rendez-vous général de l'armée, on lui annonça que, pour des motifs qu'il était inutile de lui expliquer, il opérerait isolément pendant toute la campagne sous les ordres du duc d'Agénois, nommé depuis peu « mestre de camp ».

Quelques jours plus tard, le maréchal de Saxe marchait à la rencontre des coalisés, que commandait le duc de Cumberland.

Les deux armées se rencontrèrent dans la plaine de Fontenoy, le 10 mai au soir, et de part et d'autre on se prépara à la bataille pour le lendemain.

Le régiment de *Piémont* avait été placé par le maréchal dans une redoute que ce grand homme de guerre regardait à bon droit comme la clef de sa position. Tout faisait présumer que les efforts de l'ennemi se porteraient de ce côté, et que là serait le poste d'honneur pour cette journée.

Auvergne, au contraire, fut relégué derrière le bois de Barry, qui devait lui masquer le théâtre de l'action; ainsi, on enlevait à ce pauvre régiment jusqu'au rôle modeste de spectateur, et ce fut en frémissant d'indignation qu'il se résigna à obéir.

Nous n'entrerons pas dans les détails de ce mémorable combat, qui restera toujours comme un des plus beaux faits d'armes de la valeur française. Il y eut un moment où l'on put croire que la bataille était perdue ; déjà même les coalisés criaient victoire, quand une charge furieuse de toute la maison du roi les arrêta, et donna ainsi à nos généraux le temps de réparer le désordre qui s'était mis dans nos rangs. Toutefois, le succès était encore bien incertain, et quelques corps engagés un peu imprudemment se trouvaient, vers le milieu de la journée, dans une situation très périlleuse.

De ce nombre était le régiment de *Piémont*, chargé, ainsi que nous l'avons dit, de défendre un des points les plus importants de la ligne française. Depuis le matin, la redoute qui lui avait été confiée avait été attaquée à plusieurs reprises, et les Anglais, n'ayant pu s'en rendre maîtres, l'avaient tournée, entourée, et de toutes parts faisaient pleuvoir sur elle une grêle de bombes et de boulets. Quand le maréchal de Saxe connut cet état de choses, il voulut faire ordonner au régiment compromis de battre en retraite; mais trois aides de camp qu'il envoya successivement ne purent arriver jusqu'à la redoute qu'il occupait. *Piémont* n'avait donc plus d'autre ressource que de poser les armes ou de se faire tuer jusqu'au dernier homme, et ce fut à cette héroïque résolution qu'il s'arrêta. Ces braves creusèrent une fosse dans le fond de la redoute pour y ensevelir leurs étendards aussitôt qu'ils auraient brûlé leur dernière cartouche, ce qui devait arriver bientôt, puis ils attendirent tranquillement la catastrophe, à chaque instant plus certaine, qui les menaçait.

Tout à coup, il leur sembla, au milieu de tous les bruits de la bataille qui les assourdissaient, entendre plus près d'eux une vive fusillade sur les derrières des masses dont ils étaient entourés. Ils écoutèrent avec attention, firent leurs calculs, et reconnurent bientôt qu'il était évident qu'on arrivait à leur secours. Peu après, cette fusillade libératrice devenant plus nourrie de minute en minute et se rapprochant toujours, ils crurent remarquer quelque hésitation dans les corps qui cernaient la redoute du côté du midi. Au moment même, leur résolution fut prise : ils se formèrent en colonne serrée par compagnie et se lancèrent dans cette direction, laissant cinq cents morts et six cents blessés dans une redoute qu'ils avaient regardée comme leur tombeau.

La hardiesse de leur action et l'impétuosité avec laquelle ils l'avaient accomplie furent couronnées d'un plein succès. *Piémont* força la ligne ennemie et se trouva, après l'avoir traversée, en face d'un régiment français qui cessa immédiatement son feu. Les troupes échangèrent le cri de : « Vive le roi ! » et la fumée de la fusillade s'étant un peu dissipée, *Piémont* reconnut que son libérateur était *Auvergne*.

En ce moment le duc d'Agénois s'avança entre les deux régiments et dit à celui qui venait d'être délivré :

— Messieurs du régiment de *Piémont*, permettez-nous maintenant d'avoir l'honneur de vous aider à reprendre votre redoute.

Des Français ne repoussent jamais une proposition semblable. Les deux corps se formèrent en masse compacte, et se ruèrent sur la redoute, qui fut emportée et que les Anglais n'attaquèrent plus parce qu'ils apprirent que la bataille était compromise pour eux.

Le régiment d'*Auvergne*, qui avait perdu près de quatre cents hommes dans cette affaire, fit alors une chose plus fière qu'amicale, et qui témoignait que son dévouement n'était peut-être qu'une noble vengeance. Il envoya complimenter messieurs de *Piémont* par les deux officiers que ceux-ci avaient voulu faire chasser de ses rangs. L'un d'eux se présenta le bras en écharpe, car il venait d'avoir le coude fracassé par une balle.

Piémont sentit la leçon, mais il fut obligé de l'accepter en silence dans la position qui lui était faite. Son colonel balbutia quelques paroles de reconnaissance, pour la bonne pensée qu'avait eue

M. le maréchal de Saxe d'envoyer à leur secours.

— Monsieur le duc, repartirent les officiers d'*Auvergne*, personne ne nous a commandé de nous rendre ici. Le hasard nous a appris votre péril, et c'est sans ordre que nous sommes venus. Messieurs, continuèrent-ils en élevant la voix, nous voilà quittes de Lille; la prochaine fois, nous jouerons la belle, si cela peut vous être agréable.

Les deux officiers saluèrent de l'épée, puis ils retournèrent à leur corps, qui regagna son poste derrière le bois de Barry, en ramassant, chemin faisant, les nombreux blessés qu'il avait laissés sur son passage.

Les années se sont succédé, nous sommes en 1750. Le malheureux régiment est toujours au ban de l'armée. En Flandre, en Allemagne, au Canada, dans l'Inde, partout il s'est couvert de gloire, et cependant tout le sang qu'il a répandu pour la France sur vingt champs de bataille n'a pu laver la tache qui souille le revers de son habit. Le gouvernement, en dernier lieu, avait été obligé de l'envoyer à la Guyane pour mettre un terme aux collisions sanglantes qui résultaient toujours de son contact avec d'autres régiments quand il était dans la mère-patrie.

Il fallait cependant que cette longue suspicion, qui pouvait être injuste, eût un terme : un *régiment paria* ne pouvait rester dans l'armée sans réhabilitation ou sans licenciement. Cette pensée existait depuis de longues années dans l'esprit et le cœur du duc d'Agénois, qui en avait parlé plusieurs fois à Louis XV.

— Voyez le duc de Choiseul, dit enfin le roi, et avisez ensemble sur ce qu'il y a à faire. Moi, je donnerai la main à tout avec empressement, car je suis convaincu comme vous qu'*Auvergne* est innocent : un coupable n'est jamais si fier ni si brave.

Le duc de Choiseul était aussi de cet avis, mais il connaissait la prévention de l'armée. Un jour il manda chez lui le duc d'Agénois, auquel il annonça que le roi venait de le nommer au gouvernement de l'Alsace.

— Vous allez partir pour Strasbourg, ajoutat-il, et vous y trouverez le régiment de *Piémont*; faites tout ce que vous pourrez pour le préparer à une réconciliation dont l'initiative doit venir de lui. J'ai ordonné une nouvelle enquête judiciaire sur le meurtre du capitaine O'Brien, et pour peu qu'elle produise quelque chose de favorable, vous en serez immédiatement instruit. En attendant, je fais revenir *Auvergne* de la Guyane, et, aussitôt après son débarquement, je le dirigerai sur Strasbourg; prenez vos mesures dès à présent.

Le duc d'Agénois se rendit à son poste, et, dès son arrivée, se mit à l'œuvre. Il trouva le régiment de *Piémont* plus irrité que reconnaissant du service qu'*Auvergne* lui avait rendu à Fontenoy, parce que ce service avait eu la forme acerbe et railleuse d'une leçon et qu'il s'était terminé par des paroles provocantes.

— Nous allions nous tendre la main, dit un vieux capitaine, mais en les voyant plus disposés à la repousser qu'à la prendre, nous nous sommes abstenus.

— Je suis très peiné de tout cela, messieurs, dit

le duc, car je suis informé que le régiment d'*Auvergne* est en route pour revenir en France, et qu'à son retour il doit être envoyé en garnison ici.

— Eh bien! monseigneur, répartit le vieux capitaine qui avait déjà parlé avec rudesse, nous lui demanderons ce qu'il a entendu dire quand il nous a annoncé que, puisque nous étions quittes, nous jouerions la belle à la première occasion.

— Messieurs, la volonté du roi est que cette malheureuse affaire ait un terme, et je ne négligerai rien pour donner satisfaction à Sa Majesté.

Le duc le fit effectivement et plus d'une fois, mais ce fut toujours sans succès. *Piémont* soutenait qu'*Auvergne* lui ayant jeté le gant, son honneur voulait qu'il le relevât.

Quelques mois après, *Auvergne* arriva à Strasbourg, ayant à sa tête le duc d'Agénois, qui avait cru de son devoir d'aller à sa rencontre. Il engagea le corps d'officiers à le suivre au gouvernement, où il comptait lui donner à dîner et à souper. Arrivé chez lui, il entretint confidentiellement le colonel, le major et quelques capitaines influents, puis il envoya prier messieurs les officiers de *Piémont* à venir souper chez lui.

Moins d'une heure après, une députation de ces derniers se présentait et était reçue.

— Monseignenr, dit le vieux capitaine que nous connaissons, nous désirons savoir si les paroles que vous venez de nous faire porter sont une invitation ou un ordre.

— Elles sont un ordre, messieurs, répondit froidement le duc, et je compte bien qu'aucun de vous ne songe à n'y pas obéir.

La députation salua avec respect et se retira en silence.

A neuf heures du soir, tous les officiers d'*Auvergne*, en tenue de bal, étaient réunis dans une grande galerie qui servait aux gouverneurs de la province pour leurs réceptions d'apparat.

Quelles minutes après, une porte s'ouvrit à deux battants, et le maître des cérémonies du duc annonça :

— Messieurs les officiers de *Piémont*.

Ils arrivèrent deux par deux, leur colonel en tête

et tous en uniforme de guerre, le hausse-col sur la poitrine et les grandes guêtres de toile blanche montant jusqu'aux genoux.

— Messieurs, leur dit le duc d'une voix émue, avant que nous passions à table, permettez-moi de vous lire une dépêche de M. le duc de Choiseul, qui vous intéressera tous, j'en suis sûr.

Et ayant déplié un papier qu'il tenait à la main, il lut ce qui suit :

« MONSIEUR LE GOUVERNEUR,

» Je me hâte de vous informer que le lieutenant du roi de Brest vient de m'envoyer une déclaration authentique d'un forçat mort sur les galères de l'Etat. Cet homme, avant d'expirer, a avoué qu'il était seul coupable du meurtre du capitaine O'Brien, contre lequel il avait une vengeance particulière à exercer. J'ai immédiatement transmis l'original de cette pièce à M. l'avocat général du Parlement de Lille, où, dans le temps, cette affaire... »

Ici, le duc d'Agénois fut interrompu par un

grand mouvement qui se faisait autour de lui : les officiers de *Piémont* tendaient les bras à leurs camarades d'*Auvergne*, et ceux-ci se précipitaient vers eux, les bras tendus aussi.

Le lendemain, une fête militaire rassemblait les deux régiments, et sur leurs drapeaux réunis on lisait ces trois dates : « LILLE 1743 — FONTENOY 1745 — STRASBOURG 1750 ». C'étaient : *la partie*, *la revanche* et *la belle*.

Sous le titre : *Mœurs et habitudes militaires, Auvergne et Piémont*, le *Messager des Chambres* de Bruxelles (1) a publié en feuilleton, en 1851, un récit de cet épisode militaire, auquel nous avons eu recours pour notre travail.

---

(1) Le *Messager des Chambres*, journal quotidien, est bien oublié. La Bibliothèque royale de Bruxelles en possède une collection depuis le 12 avril 1851 (n° 1) jusqu'au lundi 8 mars 1852 (2e année).

Il sera peut-être intéressant de connaître le sort des deux régiments *Auvergne* et *Piémont* à la Révolution : l'ordonnance du 1er janvier 1791 fit disparaître les régiments portant des noms célèbres et ceux de provinces ; *Auvergne*, créé en 1606, devint le 17e régiment d'infanterie ; *Piémont*, créé en 1558, devint le 3e régiment d'infanterie.

Ces régiments se distinguèrent pendant les guerres de la Révolution : le 17e en 1792 et 1793 à l'armée du Nord, en 1794 à l'armée de la Moselle ; le 3e a fait la campagne de 1792-1793 à l'armée du Rhin.

L. QUARRÉ-REYBOURBON.

VERLY, DUBAR & Cie. - IMP. LILLE.

www.ingramcontent.com/pod-product-compliance
Ingram Content Group UK Ltd.
Pitfield, Milton Keynes, MK11 3LW, UK
UKHW022147260726
13993UKWH00005B/2202

9 782019 939434